FOOTBALL
WORD SEARCH
FOR KIDS

Premier League
2018-19

M.Prefontaine

Published by MP Publishing

Copyright © 2018

Introduction

A Premier League football word search book for kids which has all the teams and every squad player for each team in the league for the 2018/19 season.

There are a total of 50 puzzles in all including all the managers and grounds to expand knowledge of everyone's favourite league.

All you have to do is search for the names at the bottom of the page in the grid. They are placed up, down, forwards, backwards and diagonally.

In large print for ease of reading.

Managers 1

```
K  O  D  H  Y  Y  W  Q  Z  M  W  Z  D  T
L  C  O  Y  R  S  Y  N  N  F  G  G  P  O
A  W  O  E  C  V  L  B  N  Y  Z  N  Z  I
E  Q  M  N  L  H  E  N  O  T  H  G  U  H
T  E  A  Z  R  N  E  S  L  D  Y  C  O  K
N  P  T  Y  I  A  N  A  V  L  B  G  W  Z
M  S  S  T  K  W  W  R  V  I  B  V  N  Q
O  W  E  G  Y  O  B  R  Z  W  N  D  N  F
U  Z  E  D  B  P  Z  I  A  S  X  K  O  W
R  W  O  M  V  Y  S  C  Z  N  H  T  S  F
I  Q  P  U  I  U  Z  P  J  Q  S  O  G  C
N  Q  H  O  B  E  V  P  H  R  U  P  D  A
H  L  W  R  B  V  I  K  Q  B  J  Q  O  L
O  K  L  O  P  P  Q  U  C  C  Q  A  H  W
```

BENITEZ	HOWE	MOURINHO
DYCHE	HUGHTON	SARRI
EMERY	KLOPP	WARNOCK
HODGSON		

Mangers 2

```
J Y Y H B Q I S Y T X E U Q
C G T H K H N O O A P K W W
X B J U F O I I G T L G Y P
L D A G H U R X L I F L Y T
O Q N H U Y G V T V Y V V C
L N V E C G E W W D G Q I J
S K I S V Z L N A J B V J N
O C X T A V L I S G O X S M
G T N I T L E M Y N N U R G
D E N M R E P K A Z X E R E
O S F A D U H K O G C A R G
D A N U S P O C G Q C E R A
H N U P C J S O O I N A F T
G U A R D I O L A P F J G Q
```

GRACIA   PELLEGRINI   SANTO

GUARDIOLA   POCHETTINO   SILVA

HUGHES   PUEL   WAGNER

JOKANOVIC

Teams 1

```
T  L  I  N  X  Z  C  H  E  Q  H  N  Y  S
M  B  I  F  O  H  U  Q  G  T  X  E  E  L
T  T  E  V  E  T  Q  G  U  F  Y  W  L  E
A  J  K  L  E  V  R  O  J  V  W  C  N  S
L  S  S  I  U  R  M  E  P  U  P  A  R  N
Q  E  C  I  G  E  P  D  V  G  V  S  U  B
A  R  A  Y  N  E  T  O  P  E  I  T  B  S
X  U  L  R  C  U  B  G  O  I  Q  L  Y  T
L  W  U  B  N  T  T  W  T  L  D  E  U  G
L  O  L  A  N  E  S  R  A  Z  O  I  M  E
B  D  M  N  J  Z  Y  N  P  C  U  R  W  P
A  V  L  J  T  O  T  T  E  N  H  A  M  G
M  Q  J  F  U  L  H  A  M  N  I  T  P  S
N  E  W  B  O  U  M  A  N  L  I  V  C  H
```

ARSENAL	EVERTON	MANUTD
BOURNEMOUTH	FULHAM	NEWCASTLE
BURNLEY	LIVERPOOL	TOTTENHAM
CHELSEA		

Teams 2

```
N O T P M A H T U O S D C S
G H A H W O L V E S J J A Y
U Y M U L P Y Q V Z K O R N
I E B D M A H T S E W F D L
R P T D B R I G H T O N I E
L E E E Y K T S H W D L F S
M D T R M C A G W T T F F W
C R Y S T A L P A L A C E S
Y O X F E J N A K A A P L N
Z F C I T C G C V X M U G S
S T D E V O I U I B C B S J
J A Y L F F E E B T R V R N
L W X D H A R S L Q Y W N P
F D G U I N J K P Y C X I L
```

BRIGHTON   LEICESTER   WATFORD

CARDIFF   MANCITY   WESTHAM

CRYSTALPALACE   SOUTHAMPTON   WOLVES

HUDDERSFIELD

Grounds 1

```
F B E A J V C F E V Y I B E
F O G N R O Q F J V P C E M
I O D B O T H H F R M G U I
D E I Q C S N N K W A J J R
R H R L C X I Q S T P V A A
A B B P O X N D T M I Y P T
C A D Q L T S O O T I K X E
I I R X Z Y C H A O T T L S
S P O B X N V L S L G M H C
P Y F E E M I Q P X Q E H S
X L M V I T R O O M F R U T
G A A Z Y N M V G G Z N B K
C R T P U O U N C S I Z Y S
C B S E L H U R S T P A R K
```

AMEX	GOODISON	STAMFORDBRIDGE
CARDIFF	JOHNSMITHS	TURFMOOR
CRAVENCOTTAGE	SELHURSTPARK	VITALITY
EMIRATES		

Grounds 2

```
T  O  A  W  T  D  S  Y  E  M  M  G  C  S
R  K  T  X  N  T  N  G  X  D  A  E  S  E
A  E  Q  K  M  J  A  C  R  M  H  S  L  W
O  P  W  A  Q  R  V  F  J  O  N  P  Q  S
J  A  R  O  A  M  O  L  I  N  E  U  X  T
N  Y  H  C  P  R  D  A  H  I  T  E  F  J
S  O  I  T  E  G  T  P  U  X  T  N  V  A
V  V  D  S  A  D  N  D  P  T  O  U  M  M
O  U  Y  N  A  N  O  I  E  F  T  A  L  E
K  V  A  Y  O  S  F  D  K  N  K  O  W  S
Z  F  V  G  R  L  D  I  U  W  L  V  I  E
Z  H  F  Y  R  O  N  E  E  N  L  C  X  O
D  R  O  F  F  A  R  T  D  L  O  B  O  M
K  T  Q  U  A  M  X  X  D  S  D  S  G  A
```

ANFIELD	MOLINEUX	STMARYS
ETIHAD	OLDTRAFFORD	TOTTENHAM
KINGPOWER	STJAMES	VICARAGE
LONDON		

Arsenal 1

```
G R K E N O O T H I Z M N S
B E I O D I J S F Q A D O G
G N W U L Y R A P R E N B N
R I I G N A T E T I A U U I
S E K V R S S I L P N W T D
O T O J U Q N I O L C A O L
K S S M D E B R N E E B V O
R T C V Z U V T C A L B G H
A H I T L A C H G B C W S X
T C E Z M J E N K I N S O N
I I L S R E B M A H C W Y Y
S L N M O N R E A L O N E L
Q D Y G O N H P O W L O K E
H A F K Y M A R Z W P F X O
```

BELLERIN

CECH

HOLDING

JENKINSON

KOLASINAC

KOSCIELNY

LENO

LICHTSTEINER

MARTINEZ

MAVROPANOS

MONREAL

MUSTAFI

OSPINA

SOKRATIS

Arsenal 2

```
B G O G N N E T G Z E D M W
P Z N H U L O G L T W A O E
I M F A N J A S T V I K N L
Z Q Q E Y S C E L T Y A S B
U Y N O H E Z A L E L H L E
O Y J D Z A M A M Y N X E C
D R A Z C I N A E P L L Q K
N P M A I D L W B G B P E U
E R L B N Y K M S U O E N R
U W O I I T M E M W A L L Q
G W L T O R R E I R A I X L
I E Y E S M A R W V U V M B
S N A Y R A T I H K M Z U I
N E S E Z R Z H M Q A O Q F
```

AUBAMEYANG   LACAZETTE   RAMSEY

CAMPBELL   MAITLANDNILES   TORREIRA

ELNENY   MKHITARYAN   WELBECK

GUENDOUZI   OZIL   XHAKA

IWOBI

Bournemouth 1

```
N  F  K  E  W  W  C  S  R  E  S  R  A  R
O  O  K  O  P  C  I  V  O  G  E  B  A  S
Q  A  S  T  O  C  R  D  R  E  E  M  Q  L
J  P  P  P  N  C  P  E  H  M  S  H  D  E
B  Q  Z  A  M  O  L  S  E  D  Z  C  W  I
H  O  R  F  D  I  U  N  A  M  R  S  T  N
K  F  R  M  G  O  S  L  I  N  G  O  R  A
W  F  W  U  M  M  E  X  X  N  M  C  C  D
Y  Y  X  E  C  I  A  V  C  S  F  I  E  W
N  H  C  X  M  N  U  S  M  W  K  R  U  Z
R  G  N  B  U  G  I  I  N  N  D  D  P  B
R  P  G  D  P  S  T  O  I  F  I  K  Z  D
K  B  Q  L  U  H  G  P  N  I  V  L  I  Q
O  G  D  B  D  I  T  W  F  Z  M  V  Z  X
```

AKE   DANIELS   RAMSDALE
BEGOVIC   FRANCIS   RICO
BORUC   GOSLING   SIMSPON
COOK   MINGS

Bournemouth 2

```
F S T I A H E H U N C K V S
Y T I E A P D M S A M T P V
Q A U E S E W K N M H G U P
S N S T P S O I I R T J S W
P I A L G O U T L U V O M J
C S X E R G H O G S O J I L
P L D B D Y A Q M N O C T E
U A Y E N O H A M U I N H B
I S F D D M Q J Q N K K Q I
D O M D L J L H F R A S E R
E A B M W E D L N Q M B D O
N S U R T X R W E B Q B R L
A N S O J P B M B Q Z F M P
N M E K C G T E A N S Z X P
```

BROOKS   KING   SMITH

DEFOE   LERMA   STANISLAS

FRASER   MOUSSET   SURMAN

IBE   PUGH   WILSON

Brighton 1

```
Z Q P K D L N T X T W L E S
F A U U S F U D J L C S C C
V H F F T S G C J R Q T R H
W F X T P R O P P E R E S E
Y O N U R B L R Y U N E U L
S B T F S I A Y G T X L O O
H H U G M N B B T N T E N T
D J O T T E U A A P F W T
I Z J U T R S H R Y S A P O
F L Y K N O O L P R R P U G
X F N A B O N G I E X K W G
M U R V I D Q M K T T G P K
D D A A M U O S S I B S V V
O B I R F C T T D G Z I R X
```

BALOGUN   BUTTON   RYAN

BERNARDO   DUFFY   SCHELOTTO

BISSOUMA   DUNK   STEELE

BONG   GROSS   STEPHENS

BRUNO   PROPPER   SUTTNER

Brighton 2

```
O D R E I U Q Z I P J L T O
T C N K V H N Y L A Q A J A
H R V R C L G O H N T Y G L
Y G E R N C K A R O D A D O
P A A A D O N E W M W K O C
U M R B K B Q E I M A G N A
L G F R A C L J S H E N R D
J T L K U L O E O C S Z N I
I I H F A M R N T A U Y V A
O S H E M E D Y K N B A S J
H E R Z K E N O D N A T O F
G L N O R W O O D A P Z A G
R I Y P L C F T Y H H C G U
D G T M O N T O Y A B O F V
```

AHANNACH	KAYAL	MURRAY
ANDONE	KNOCKAERT	NORMANN
GYOKERES	LOCADIA	NORWOOD
HEMED	MARCH	TAU
IZQUIERDO	MONTOYA	TOWELL
JAHANBAKHSH		

Burnley 1

```
X X J Y Y T H F N J L L G O
L I N D E G A A R D E O K D
A K N N T C R B R C G N P K
B E Z O Y A A Y K T Z G A Y
P O P E S R R W E J D Z I B
F H E P D B R K Z E I K Q Y
B P T S M I E O T N U N N
Z X L U G U V G N W S T O R
M E M S C V J H A W S T G O
Y N O T A E H R E V W K S L
V M E G R S D M I O M N I Y
N E L F V H G P L R E L V A
E E M Z O X X J R X B U B T
Y M D J F L F L D L Z V F X
```

BARDSLEY   LINDEGAARD   POPE

GIBSON   LONG   TARKOWSKI

HART   LOWTON   TAYLOR

HEATON   MEE   WARD

LEGZDINS

Burnley 2

```
P V F W W I N I R U O F E D
Y S O P U E D Y X D H V N F
I P L K O L S P E E S S O G
R H X L E H F T D H O L N O
D O O W I S E Y W I X H N S
I Y B Y R E U G E O V E E G
L G U D M U N D S S O N L I
M C R M C P W O I Q R D B Y
W I Q O F A V K H A O R E R
E C R B L Q Y H B Z N I N H
L K N T H C D I D Z O C M Z
L Y E D K K R K O E M K V X
S R N P J V A S N G W Z J B
S M D F V S J B R A D Y D M
```

BARNES   HENDRICK   WALTERS

BRADY   LENNON   WELLS

CORK   ONEILL   WESTWOOD

DEFOUR   VOKES   WOOD

GUDMUNDSSON   VYDRA

Cardiff 1

```
W  G  J  S  D  M  P  J  S  Q  Z  S  O  E
K  P  Z  O  I  K  J  E  D  Q  P  J  R  G
Q  Z  M  O  R  R  I  S  O  N  Q  Y  R  D
C  N  G  M  A  H  G  N  I  N  N  U  C  I
A  O  E  N  T  B  Y  J  P  W  R  R  R  R
M  L  N  I  O  H  A  A  X  L  A  I  E  E
A  Y  M  N  P  S  T  M  D  X  L  C  I  H
R  S  T  R  O  E  S  Q  B  K  L  H  T  T
A  Q  U  T  R  L  U  R  E  A  S  A  L  E
S  M  W  S  E  S  L  G  A  C  O  R  E  Z
A  J  O  W  T  N  U  Y  Y  N  C  D  P  G
R  N  A  K  P  O  N  O  K  A  N  S  E  N
F  R  M  A  N  G  A  E  M  W  V  U  S  K
B  B  Q  V  L  J  Q  P  B  Q  A  W  G  Y
```

BAMBA	GUNNARSSON	PATERSON
BENNETT	KONOPKA	PELTIER
CAMARASA	MANGA	RALLS
CONNOLLY	MORRISON	RICHARDS
CUNNINGHAM	MURPHY	SMITHIES
ETHERIDGE		

Cardiff 2

```
J Y N Q R P D O E O D D J U
K N H D H A Z R Y P Z Z Z P
R B J P M T O V A S K B R Z
D F W O R H U Q U U O K A N
O I U G O U N O N G B E O B
K R E Z H W M Q L A H T Y L
E U Q R A O A E U S G W N Q
E J O W Q P I O H N D Y E L
F S I R R A H L I E R N X A
E M A D I N E K E Z A I Y I
E T I E M T L V V T W L B N
U P V I H I G K V E T M E G
Y X Z B P H X H R G Z O D Y
R E T R A Y G X Q R O T T Q
```

ARTER	LAING	PILKINGTON
DAMOUR	MADINE	REID
HARRIS	MEITE	TOMLIN
HEALEY	MURPHY	WARD
HOILETT	OKEEFE	ZOHORE

Chelsea 1

```
O M C C A A T S L F A V J C
I R Q A M I R A U J Z N H Q
N P E U H E N L I N P R V H
Z E O L G I A A Z O I H Q Q
F Z E I L L L K N S L E Q J
K F D R O A V L T R I C D C
D U I N G U B E W E C T X T
R N S T H B N A P M U O W F
S O R Z B S A U C E E R X W
W O U R E M O H H K T Q H O
T E G N A M P A D U A J T I
A T S O C A P P A Z K E P A
Q W I A K L U B J R I K I S
X G M M B C I C A V O K X V
```

AINA	CAHILL	KEPA
ALONSO	CHRISTENSEN	KOVACIC
AMPADU	EMERSON	LUIZ
AZPILICUETA	GREEN	OMERUO
BULKA	HECTOR	RUDIGER
CABALLERO	KALAS	ZAPPACOSTA

Chelsea 2

```
K N F Q M I S B D N R L X I
N E Y A O A A E L K O Y Y O
A Z E D B R H E S I C A U R
I H O H K R K A L O U R G D
L R A L C N E I R H M E G E
L T E Z I S P G S B N T C P
I Y D G A B U N A L A A J I
W J L Y N R A T K S A W O A
K Y Y Z B B D S F U M K R Z
B A K A Y O K O F O H N G O
A D N O S U M K R U L I I N
M G I R O U D A Y L B R N V
X U I E M E T N A K O D H W
G L D D V A U G H V O V O K
```

ABRAHAM	GIROUD	MOSES
BAKAYOKO	HAZARD	MUSONDA
BARKLEY	JORGINHO	ODOI
DRINKWATER	KANTE	PEDRO
FABREGAS	LOFTUSCHEEK	PIAZON
GINKEL	MORATA	WILLIAN

Crystal Palace 1

```
O S H S N I K M O T D R Z E
Y J X E Z C L B P A G I C I
J J P C N G I F N K B E J P
A F L Q C N O N V E L D D M
J G P X T U E O N L Q E J L
H A H P Q Z L S L L P W F T
E T S O U A R E S Y Y A V I
S I F P U L D G Q E O L D S
V A N A A N H O L T Y D P S
L U K D R A W C L B F E S Q
U G P H B D R D S G R I J X
W W J M O V F S O O N E O T
J E O W U X R D N N P X R H
S G Y U S W H I I H W Y T D
```

DANN   RIEDEWALD   SPERONI

GUAITA   SAKHO   TOMKINS

HENNESSEY   SCHLUPP   VANAANHOLT

INNISS   SOUARE   WARD

KELLY

Crystal Palace 2

```
R P J M M P M I T W C H O O
E R U O E A C O U I Y T G Q
I K X N H Y W W V L O O P L
O X E K C N E E O L R L R C
K C C T S H J R S I L R L V
A I F E N O E H F A J O T C
W S N H V E A O K M W S Y E
X D R I Z S B N N S H Z N Z
Q X L H E T A Y U O K K P U
J I Z K X Z S K K A I K A I
M C W W E A M G R C Y I A H
M C A R T H U R F D Z Y M Q
S W P I D A O W W Q E O J S
E L A K A S S I B W Z B I D
```

AYEW
BENTEKE
BISSAKA
KAIKAI
KOUYATE

MCARTHUR
MEYER
MILIVOJEVIC
PUNCHEON
SORLOTH

TOWNSEND
WICKHAM
WILLIAMS
ZAHA

Everton 1

```
G Z E M C B H J C Y N M A G
X R I T E N A M E L O C N A
B N U S A G D Z E Z T F I L
A R I B I G U R P G G M T L
K C O E N W L D I G N E R O
O E L W H E S O E B I K A W
T K A O N E L M H P N E M A
A J E N N I I E L T N N U Y
R W W I E G N O K B E N V Y
R Y A S N A V G W E P Y G T
Q B P I C K F O R D T J B L
H N N H E W E L T E E S F A
H A Y S O Z O G B H E Q E H
B M D R A N R E B O F B R B
```

BAINES	DIGNE	KENNY
BANINGIME	GALLOWAY	MARTINA
BERNARD	HEWELT	MINA
BESIC	HOLGATE	PENNINGTON
BROWNING	JAGIELKA	PICKFORD
COLEMAN	KEANE	STEKELENBURG

Everton 2

```
S P L P C D D Y H O C N L C
X C O O A I H X A X A O W D
T G H V O T S M C B L S A S
L O I N R K U A B S V S L K
N E S A E O M H L P E D C D
S U C U Z I O A Y V R R O E
A C N O N U D E N E T U T S
M B O L A S I E K E L G T S
L L E W O D M Z R X E I X A
G U E Y E Q S K K L W S S I
R N O S I L R A H C I R E N
V N Y V L Y W N J O N N M U
R A M I R E Z U G P S O O I
F F G A O D T Y T X O O G V
```

BOLASIE	LOOKMAN	SIGURDSSON
CALVERTLEWIN	MCCARTHY	TOSUN
DAVIES	NIASSE	VLASIC
DOWELL	RAMIREZ	WALCOTT
GOMES	RICHARLISON	ZOUMA
GUEYE	SCHNEIDERLIN	

Fulham 1

```
I  R  N  D  O  Q  C  Z  W  I  F  M  M  G
W  H  H  Y  P  T  F  H  L  M  A  P  E  F
O  N  J  R  H  E  B  L  R  E  W  M  S  K
O  D  O  I  G  W  E  L  R  I  A  V  S  L
U  M  C  D  O  N  A  L  D  W  S  F  I  Y
V  Q  O  W  I  I  R  I  S  K  J  T  C  T
O  N  X  T  T  A  S  O  O  P  D  Q  I  W
S  M  T  M  D  I  N  L  P  L  Y  C  F  E
U  E  I  R  B  A  F  M  A  R  A  H  A  N
B  F  R  Q  T  U  N  T  S  D  J  J  R  B
H  N  O  I  Z  M  A  R  C  H  A  N  D  X
U  J  F  Z  H  G  R  O  H  K  Z  N  Q  Q
Q  C  J  P  Y  D  Y  T  O  T  T  E  I  V
I  F  O  S  R  E  B  M  A  H  C  Y  D  W
```

BETTINELLI	DJALO	ODOI
BRYAN	FABRI	REAM
CHAMBERS	MARCHAND	SERI
CHRISTIE	MAWSON	VIETTO
CISSE	MCDONALD	

Fulham 2

```
J O H A N S E N N X C L M J
N A N T W G I O Z A S Y I T
D M O S W O N G I A Y I T E
T U I B C G N R D X Q K R U
U H I I E H N A V S M A O H
A A T S L E U C B I T R V A
J J S B Y D C R J E Y A I S
F E K E F F T D R Z K M C N
S T W H E O N G Z L O A H E
S C J R I P N D Q Y E K A M
W K R G C K L T D S F G I U
L O K H S X P R E C F I N S
T L S A N G U I S S A H C O
W O R D O O W P H O C I R F
```

ANGUISSA   JOHANSEN   SCHURRLE

AYITE   KAMARA   SESSEGNON

CAIRNEY   KEBANO   TORRE

FONTE   MITROVIC   WOODROW

FOSUMENSAH   RICO

Huddersfield 1

```
H Q R B P E N A P S P S O V
F A D C L D M I C C P I L T
L Y D E S R M H R H F N O D
Q L F E X M I I Y O J K G Z
V E O T R N A S J F R F N R
H V A S D G U I E I X I O H
I X G L S H J M L E A E K A
G X E I E L X O X L H T I M
Q R K Y W V F U N D I Z U E
C I V O K N A T S A A W M R
M B E N Z A Z T G N J Q R B
Q H T I M S U E K K V D U Q
O Y U W N A U A W O X Z D O
E W O L N D T I L O Z G V D
```

DURM	LOWE	SMITH
HADERGJONAJ	MBENZA	STANKOVIC
HAMER	SCHINDLER	WILLIAMS
KONGOLO	SCHOFIELD	ZANKA
LOSSL		

Huddersfield 2

```
P D Z L T I J P T C Y J H I
C R S Q R B A R G T L D I N
U S I I U R E T W C G T L B
K P B T R A H L S K A N E Y
G A X A C X N J X A N S X R
S N E I J H F E D C U O Y H
A B I D K Q A I R H C B K T
V S H L Y G A R E U A H G J
Y O O M L K G X D N B I W Q
Z A W A H I G O H G F U N W
L J E A C R B F H A K N G A
O K B E R T I O P E D Q I R
E Y M O U N I E I H W O K P
Q O Y U V V W W E L E V B S
```

BACUNA	KACHUNGA	PRITCHARD
BILLING	MOOY	QUANER
DEPOITRE	MOUNIE	SABIRI
DIAKHABY	PARRA	SOBHI
HOGG		

Leicester 1

```
J E N Z H N M M V L C F T E
N A A M A A A A E S H U D H
O A K G G R M H A C I C I D
M M R U Z D C X I Y L H Y C
L O I L P I R Y B B W S K D
M R L N E O E A R I E R E P
E H U M O V V W W C L H N Y
V V H J L S A I W U L D P E
R C J P F R P N C D I G N T
S I B O R R A M S D I A P R
Z V Y D N E M U I M Z D K A
I L D O P Z U C S S H U J M
J R E B E N A L O U A N E A
Z O W M T P C U X W L S K U
```

AMARTEY

BENALOUANE

CHILWELL

EVANS

FUCHS

IBORRA

JAKUPOVIC

MAGUIRE

MENDY

MORGAN

NDIDI

PEREIRA

SCHMEICHEL

SIMPSON

WARD

Leicester 2

```
Q S F Q J I I N H D Y K V C
E R I M R N E O T R A A Q I
Q T H L A N Q T U G R P C J
I K A M V D I H T D G U Y A
H Y I B S A D G Y A E S Y M
V L P G A U T I N M Y T X E
S R J G O I E R S O Y K J S
V X C H L D D B O O U A L U
C Z C V A O L L U A N N A I
Z W I H E A N A C H O G Z L
C I V O K N E B G M T R Z L
O K A Z A K I O B N N X E J
J S O Y U N C U B W I S H I
E Z B I D I O L H R M K G C
```

ALBRIGHTON	GRAY	MADDISON
BENKOVIC	IHEANACHO	OKAZAKI
CHOUDHURY	JAMES	SILVA
DIABATE	KAPUSTKA	SOYUNCU
GHEZZAL	KING	VARDY

Liverpool 1

```
O D F L P N E F E C P L Z O
C L Y N E J O U A H F E C O
Y V R A P N T S X B M Q N Y
N E V A L K E F T O I E X F
J F R N W Y L B G R R N V V
P K U Z Q U O Y U O E N H G
D A E M V G N K M E O B Z O
R L B I D R G G W S V R O J
K P O A T F I U S A R K D R
A I N N I A M I N E R V O L
R T E W R C L V A N D I J K
I A S H Y A V Z N V C V I K
U M L P R A N D A L L C S M
S G V W Y E M W K V O A F Q
```

ALISSON	KARIUS	MIGNOLET
ARNOLD	KEITA	MORENO
BOGDAN	KLAVEN	RANDALL
CLYNE	LOVREN	ROBERTSON
FABINHO	MATIP	VANDIJK
GOMEZ		

Liverpool 2

```
W A N A L L A L Y W O H M K
E I C I Q S S K O Q N E A L
G Z J E R H A O O Z I N N F
D S X N F I D L E E M D E F
I U R J A B Q K A K R E Y M
R S P G U L N A O H I R I I
R S E R X A D J H M F S X L
U H N Y L O O U W S Q O P N
T X R O A V B Z M D W N E E
S O S X X I G I R O W E Z R
C H A M B E R L A I N V V P
W E D X I G R U J I C V H I
T A T F L M A R K O V I C L
G F U O Y V M K H I E U X F
```

CHAMBERLAIN	MARKOVIC	SHAQIRI
FIRMINO	MILNER	SOLANKE
GRUJIC	OJO	STURRIDGE
HENDERSON	ORIGI	WIJNALDUM
LALLANA	SALAH	WOODBURN
MANE		

Man City 1

```
I  A  M  F  D  S  U  N  U  K  R  I  M  O
T  D  Z  A  G  E  O  E  D  O  E  B  T  E
N  A  N  Y  N  S  L  E  A  M  K  W  Q  C
A  U  E  E  R  G  N  P  O  P  L  F  H  T
G  T  G  E  M  A  A  V  H  A  A  H  R  E
O  N  D  B  Y  A  A  L  Y  N  W  F  I  Y
D  E  H  E  H  R  T  Z  A  Y  P  A  I  H
N  P  R  I  B  R  U  O  M  E  N  D  Y  V
U  T  S  O  H  N  I  D  N  A  N  R  E  F
G  K  U  E  Q  L  A  P  O  R  T  E  E  V
R  E  L  D  N  A  S  V  S  R  J  K  U  C
H  A  W  N  J  O  E  P  A  A  Z  Y  V  I
X  Z  T  Y  N  D  T  L  I  X  P  R  K  Z
U  Y  D  H  M  E  S  S  X  U  C  S  Q  N
```

BRAVO	GUNDOGAN	OTAMENDI
DELPH	KOMPANY	SANDLER
DENAYER	LAPORTE	STONES
EDERSON	MANGALA	WALKER
FERNANDINHO	MENDY	

Man City 2

```
Y U M Z V U F E C A S E U S
E O A D I A Z U G C N A J U
Q K H Y I I W U C Y E A N S
Z N R N U R E S U F B K C E
F E E L Z R O R F Z T W A J
G H Z D O R B B K G X A N O
J C S O P E A U E K V G Q M
B N L P D X Z H L R W D B O
G I N E D O F A V R T Y P M
O Z X G J X J P V E E S L V
J A X X I C G M Y L K Z M O
X X S X B A Q N E G I S H G
W N I X S R A X D N F S D V
S T E R L I N G J D D Z X W
```

AGUERO   JESUS   SANE

DEBRUYNE   LUIZ   SILVA

DIAZ   MAHREZ   STERLING

FODEN   ROBERTS   ZINCHENKO

Man UTD 1

```
T H Q R Q C X D T T R S A R
T M S I O B J O A C X H I O
R N K S A J L M G R H A Q M
U O A I N A O V T M M W R E
D B L R D E E C G V M I Q R
S L E C G H M N P C U F A O
Y A E G E D I L Y T Q O K N
M A T I C L P J S J Z L V B
I E D R L C E Q D O B E N S
C M V A L E N C I A F D B E
P B M K D Y I U T F R N Q N
X S Z T E X F L I E P I B O
H D M H J V S Z I F C L L J
M G S W Q S V B S V W I C M
```

BAILLY

DALOT

DARMIAN

DEGEA

GRANT

JONES

LINDELOF

MATIC

ROJO

ROMERO

SHAW

SMALLING

VALENCIA

Man UTD 2

```
D  W  F  O  W  V  B  Z  J  U  B  Q  Y  P
V  B  I  E  U  I  S  X  E  T  X  O  P  O
L  P  X  L  L  B  N  W  P  H  U  A  D  G
A  A  Q  L  L  L  E  R  G  N  C  R  E  B
I  R  M  L  Y  S  A  I  G  T  A  N  D  A
T  S  D  E  R  F  N  I  Q  G  D  R  A  A
R  Y  M  C  T  O  M  I  N  A  Y  A  N  S
A  R  I  E  R  E  P  I  D  I  H  S  Q  P
M  I  L  P  I  O  L  X  F  E  W  H  D  P
L  U  K  A  K  U  B  W  R  P  B  F  G  S
C  A  N  T  R  C  A  R  T  W  G  O  Z  U
B  C  P  M  I  H  E  T  Y  W  E  R  Z  Q
U  R  A  F  N  R  M  V  A  H  X  D  Q  R
H  Q  S  X  A  D  P  N  S  M  L  V  N  M
```

FELLAINI	MARTIAL	POGBA
FRED	MATA	RASHFORD
HERRERA	MCTOMINAY	SANCHEZ
LINGARD	PEREIRA	YOUNG
LUKAKU		

Newcastle 1

```
E W L I L H A D A O M T Y L
F N A A A A U P H H A T E R
C B U Y Z B S O D V N E D P
C K D E R A W C Q R Q M L M
N E U A J O A W E H U M I O
N S V D L E K R N L I U N Z
G K T R E L L I O T L D Q I
A N A M D O O W A X L E Y L
A D H R X I J O O L O Z S Z
T X Y L A O V B N G F W S D
Q S A V S H C Y X L M I M W
Z V K C O M C K M K R A L C
O M R A D I O S E I C R T A
A C C M J X N A L W E S A R
```

CLARK   HAYDEN   MANQUILLO

DARLOW   LASCELLES   SCHAR

DUBRAVKA   LAZAAR   WOODMAN

DUMMETT   LEJEUNE   YEDLIN

ELLIOT

Newcastle 2

```
T Z C M E A Y N H F G L X U
N D U M A E S T O O U X A L
Y T A R V F B D K D M S T E
O I O L Q U E D S E N V S S
D N E T S Q S R P H N O U O
S H D J O F J D N X C E R J
S T X X V N V H H A Y V D E
D T E D A N E E P S N S U Y
E O H Z H J R Y V A Z D M C
Y H P R U M J J V I N E E J
R N R I T C H I E V H Q N Z
K K Z U K D A H P E R E Z K
X T K I N X A I D T L J O W
L I E Q E A S Q Q O L N B I
```

AARONS	KENEDY	RITCHIE
ATSU	MURPHY	RONDON
DIAME	MUTO	SAIVET
FERNANDEZ	PEREZ	SHELVEY
JOSELU		

Southampton 1

```
B E M S O A R E S A S Z M U
K D T C Z B T L O D T R H A
R A M Z C L Y U U I E A Q X
E S O R F A N V B H P O Y S
L D N A R T R E B S H O P B
P E D R G K D T T O E H L M
B J M U E N P T H Y N O Z P
T Q N I A T E K U Y S E P U
G N Z R N G S W Y M R D B P
Z Z E W R A J R G R Q T U I
R K K A H H P G O G F N N R
E C T M S B Z T Q F E G C F
S Z G X M H R U R O S J A O
V E S T E R G A A R D W V G
```

BEDNAREK	INGS	STEPHENS
BERTRAND	LEMINA	TARGETT
FORSTER	MCCARTHY	VESTERGAARD
GUNN	ROSE	YOSHIDA
HOEDT	SOARES	

Southampton 2

```
E S F H I D Y N S G Q K V Y
G L H I A J E R A O P Z Y L
R W Y V H E R B Q J Q W G G
E R I O U Y B G P V T A N G
J S E Q U I Z B H X Y R J Z
B E C H A N K S I J P D F S
J M T D G X O Y T E I P R Z
O Z I N J A V U S Y V R O H
H N I L K W L A S M R O M G
I K T E Y I A L U S I W E N
G N O R T S M R A S I S U O
R E D M O N D S S G T E D L
D E E R O I G L Z K G I W P
A K W L D N Q I H S F I N L
```

ARMSTRONG	GALLAGHER	REED
AUSTIN	HOJBJERG	ROMEU
DAVIS	LONG	SIMS
ELYOUNOUSSI	MCQUEEN	WARDPROWSE
GABBIADINI	REDMOND	

Tottenham 1

D S T M S K S V I N S Y S K
S L L R H E I O E W A M R A
R M E T I C I H G B N E E O
V O Y R K P G V I Q C R T L
I O S E I N P P A X H E E Z
F B R E O E N I B D E I P U
B S N T L Z W S E D Z R R D
S I R O L L D R J R N U E I
Y E X R A N I F E C L A K E
V G Q O Z G D V K D T O L R
G A Z Z A N I G A X L B A Z
G W P O V O R M P C G A W V
J G S B X C A M R B V P E J
R W Z D Y S C F N L M O J V

ALDERWEIRELD ✓	GAZZANIGA ✓	VERTONGHEN ✓
AURIER ✓	LLORIS ✓	VICKERS ✓
DAVIES ✓	ROSE ✓	VORM ✓
DIER ✓✓	SANCHEZ ✓	WALKERPETERS ✓
FOYTH ✓	TRIPPIER ✓	

Tottenham 2

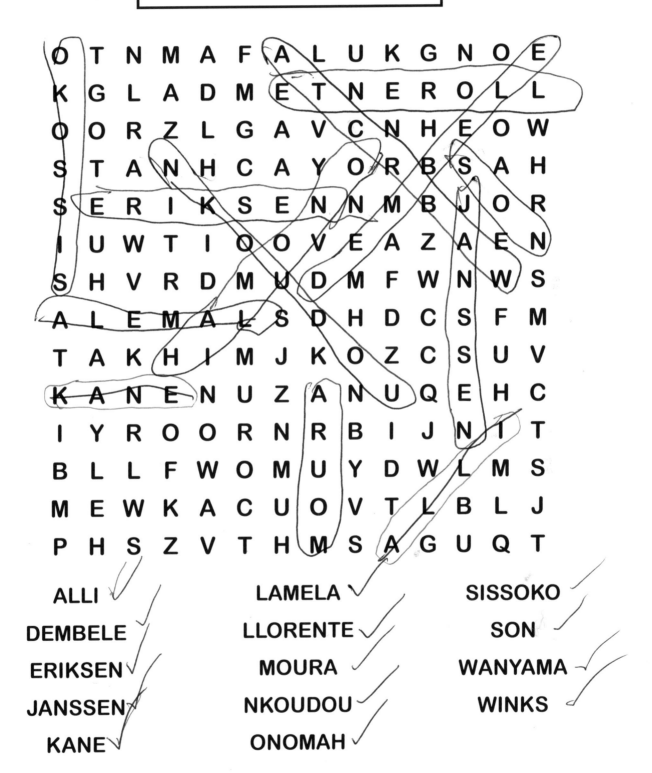

O T N M A F A L U K G N O E
K G L A D M E T N E R O L L
O O R Z L G A V C N H E O W
S T A N H C A Y O R B S A H
S E R I K S E N N M B J O R
I U W T I O O V E A Z A E N
S H V R D M U D M F W N W S
A L E M A L S D H D C S F M
T A K H I M J K O Z C S U V
K A N E N U Z A N U Q E H C
I Y R O O R N R B I J N I T
B L L F W O M U Y D W L M S
M E W K A C U O V T L B L J
P H S Z V T H M S A G U Q T

ALLI	LAMELA	SISSOKO
DEMBELE	LLORENTE	SON
ERIKSEN	MOURA	WANYAMA
JANSSEN	NKOUDOU	WINKS
KANE	ONOMAH	

Watford 1

```
G R E B L H A D T D F V E T
N T L F J W O R L E L H L O
X N H U B J A L M J P M E S
T Z A E O C Y E E C T A S J
O D D M H B N I Z B N Y A A
M I U T H I A E A I A F B N
L T A U A C E K S H R S A M
I C R M Z G A A N R G S K A
W L Z K E L M B G O M E S A
A E D L M A R I A P P A I T
K E A S O T I R B Y R Q H F
G A D C F A K M R E V O Y G
R O L Y D V H V H A Y P D F
U Q U I N A O C A E V R X L
```

BRITOS	HOLEBAS	MASINA
CATHCART	JANMAAT	PRODL
DAHLBERG	KABASELE	QUINA
FEMENIA	KABOUL	WILMOT
GOMES	MARIAPPA	ZEEGELAAR

Watford 2

```
O  S  L  Y  O  X  N  E  E  O  S  L  Y  D
Y  N  S  K  A  A  N  U  N  U  G  W  E  E
V  D  A  E  V  R  O  K  A  L  Z  E  L  U
F  K  W  A  C  P  G  D  O  A  P  S  R  L
A  D  R  M  A  C  N  Q  E  R  A  R  E  O
R  R  O  C  A  A  U  A  M  E  S  J  V  F
O  E  R  U  R  I  K  S  D  L  M  T  E  E
P  J  I  A  C  H  A  L  O  B  A  H  L  U
D  D  N  U  O  O  D  I  K  S  I  E  C  W
Q  E  W  Y  Q  U  U  A  R  Y  E  R  E  P
P  J  E  N  N  L  H  R  H  U  G  H  E  S
A  D  J  N  N  R  U  Y  E  P  C  M  H  O
J  G  D  Q  E  Q  K  O  E  I  N  Y  D  W
V  P  T  S  J  Y  B  P  F  S  Z  R  L  D
```

CAPOUE	DOUCOURE	OULARE
CHALOBAH	FOULQUIER	PENARANDA
CLEVERLEY	GRAY	PEREYRA
DEENEY	HUGHES	SEMA
DEULOFEU	NAVARRO	SUCCESS
DJEDJE	OKAKA	

West Ham 1

```
N E B F O O U Q B Z W A C Y
J X R M A K X A A V Q E R R
A X A E A B L F E C I R E I
S H A U H B I K O O L M S C
H D S B U S A A Z R X I S O
Q A R E H C L X N B D Q W A
M X N L E N R I X S R P E N
Z A D R I A N D W T K B L N
F R E D E R I C K S B I L O
A M A Z C O D R J J Y W S B
K D E N P J O I Q H R T K G
A T E L A B A Z E A A N O O
R M N J R I Y Q V R M L B B
I R M S S Q L U Y V H Z M G
```

ADRIAN

BALBUENA

CRESSWELL

DIOP

FABIANSKI

FREDERICKS

MASUAKU

OGBONNA

OXFORD

REID

RICE

WILSHERE

ZABALETA

West Ham 2

```
T W U A I A H A I Z V O P Y
O T I R A H C I H C B H A S
L E S N S R L W L I S R T S
Y L A A G E V L A X M K N A
D B N U F X D N I O R O H R
C O C T S A G N L G S M A G
A N H O D T N E A R U N I D
R L E V N B N T E N I H C O
R E Z I Y K C D O U R P O N
O B J C O F N S Q N R E M S
L I H O L A N Z I N I I F J
L S W Y G C W S Y J H O S G
W V I Y A Q H E L M P U E X
P E R E Z O N E L L U C Y B
```

ANDERSON

ANTONIO

ARNAUTOVIC

CARROLL

CHICHARITO

CULLEN

LANZINI

NOBLE

OBIANG

PEREZ

SANCHEZ

SNODGRASS

YARMOLENKO

Wolves 1

```
N H D T U G T J B B V H E O
O F E I D T G R O U G B C I
R S F Y E X B Z L K A A I C
R V I N A G R E Y N S Z A I
I Y N M E U B G K T Y Q Y R
S E D S T J S S R Z I R P T
B K U A A X L O Y D D U R A
F A Y O O A E D F Y F O H P
H X S G N C O Y O O A M T T
U N J D I O R F A H A M T Y
I S E D N A L S E D E D A J
P L N E V E S L A K A R B H
L L B O N A T I N I I V T C
K R B G Z S D M Z X K U V Y
```

BATTH   DESLANDES   NORRIS

BENNETT   DOHERTY   OFOSUAYEH

BOLY   EBANKSLANDELL   PATRICIO

BONATINI   HAUSE   RUDDY

CASTRO   IORFA   VINAGRE

COADY   NEVES

Wolves 2

```
T H Q A E I S X L E E H R C
O H N I T U O M F R D D H Y
T T M E I O C D A A A C L T
D R A A H S J H Y N O S A M
N A H B W H K I C D T L V Q
A O A W S A R J A R F I F N
Z R R H B S T E V E N S O N
Y E G O B X R B A S P Q A E
D Q N Q I Z O O L A A H B C
V E G E G K N R E J W I O M
V V Q F M A A Y I O X S S Y
C Q B X H I N Z R B T D V S
G L A D O N J F O A K U A V
N X R E K C N O D N E D A X
```

CAVALEIRO   GRAHAM   RONAN

COSTA   JIMENEZ   SAISS

DENDONCKER   JOTA   STEVENSON

ENOBAKHARE   MASON   TRAORE

GIBBSWHITE   MOUTINHO   ZYRO

GLADON

2017/18 TOTY

```
I  K  S  W  O  K  R  A  T  E  F  T  Y  H
F  M  R  J  I  E  O  G  W  E  N  F  M  V
L  B  N  F  H  Z  N  E  R  A  A  A  V  H
C  O  E  G  M  I  A  N  M  P  L  Y  K  K
D  M  Z  E  L  J  A  Y  N  A  O  K  X  Z
I  M  T  R  H  N  L  U  N  S  N  M  E  V
O  D  E  D  D  P  E  R  I  K  S  E  N  R
M  T  N  I  A  B  K  B  P  L  O  P  J  G
S  A  N  E  N  Z  O  E  H  A  L  A  S  R
B  H  G  F  M  D  T  D  D  J  Z  A  M  X
O  Z  U  J  E  A  W  M  G  I  K  T  A  J
L  N  H  G  D  U  T  Z  T  O  I  A  A  V
O  R  E  J  E  J  T  O  P  L  D  Y  Z  Q
T  A  W  Z  O  L  P  Q  E  G  L  N  R  I
```

I found sane

ALONSO	FERNANDINHO	STERLING
DEBRUYNE	KANE	TARKOWSKI
DEGEA	OTAMENDI	WALKER
ERIKSEN	SALAH	

2017/18 Most Goals

```
S  L  A  C  A  Z  E  T  T  E  F  E  E  M
K  T  L  D  L  S  A  U  F  P  I  H  B  N
U  O  E  I  R  G  P  L  I  D  R  A  H  H
J  M  Y  R  U  A  H  O  K  W  M  L  R  C
W  K  L  E  L  Y  Z  U  B  K  I  A  G  O
T  K  R  S  D  I  J  A  E  C  N  S  G  F
K  O  A  R  N  C  N  T  H  B  O  Y  S  J
U  F  A  N  X  B  N  G  J  E  S  U  S  X
I  V  O  U  E  B  A  B  V  R  M  A  X  M
G  X  X  D  Z  R  W  K  Z  M  E  T  O
A  V  C  X  J  C  S  T  U  K  A  K  U  L
S  O  B  T  U  M  K  X  C  K  Z  I  W  G
F  I  T  G  P  P  F  J  B  U  V  B  N  G
F  Z  W  A  R  I  S  E  S  C  C  F  G  T
```

AGUERO	KANE	SALAH
FIRMINO	LACAZETTE	STERLING
HAZARD	LUKAKU	VARDY
JESUS		

2017/18 Most Assists

```
P  H  U  S  S  E  B  K  N  G  I  L  U  T
C  X  M  A  P  Z  N  E  S  G  Q  P  P  L
C  S  L  J  G  X  S  Y  V  I  O  J  O  Y
E  A  S  Z  Q  K  R  W  U  Z  L  P  Z  U
H  D  O  V  I  Z  O  O  L  R  R  V  E  B
N  A  Y  R  A  T  I  H  K  M  B  G  A  G
H  C  E  W  C  J  P  V  J  P  I  E  P  N
C  S  A  K  L  Y  A  R  X  O  W  N  D  I
I  M  S  M  A  H  R  E  Z  G  W  I  B  L
M  L  I  Z  D  L  N  O  E  B  E  R  D  R
L  O  L  E  N  A  S  I  B  A  O  W  U  E
Z  Z  A  A  D  P  J  M  F  G  F  Z  X  T
Y  Y  Q  V  T  Y  L  B  G  F  W  H  E  S
W  T  C  P  H  L  N  F  D  D  Y  R  Y  Q
```

ALLI   MKHITARYAN   SANE

DEBRUYNE   POGBA   SILVA

ERIKSEN   SALAH   STERLING

MAHREZ

2017/18 Most Clean Sheets

```
S  I  P  C  U  F  C  G  L  L  B  C  A  E
U  J  I  Q  L  M  E  O  C  E  C  H  H  P
I  L  C  W  Z  A  F  V  U  G  P  P  M  L
R  V  K  S  I  R  O  L  L  R  W  O  S  D
A  Z  F  E  R  M  S  B  A  O  T  S  P  J
K  T  O  I  Y  U  E  B  D  Q  O  O  P  E
R  G  R  Q  Y  D  I  H  C  L  Y  K  I  E
S  E  D  W  E  R  L  R  V  G  H  O  B  S
H  P  T  R  W  V  E  H  U  I  F  A  K  D
A  C  S  S  Y  L  R  O  I  E  Y  P  C  Q
O  O  D  L  O  C  D  V  K  A  X  E  R  T
N  E  C  V  N  F  G  H  H  D  M  F  Y  U
Z  W  O  O  R  G  H  X  B  Y  C  F  A  F
K  A  A  E  G  E  D  W  C  M  D  C  N  S
```

CECH	DEGEA	PICKFORD
COURTOIS	KARIUS	POPE
EDERSON	LLORIS	RYAN
FOSTER	LOSSL	

Managers 1

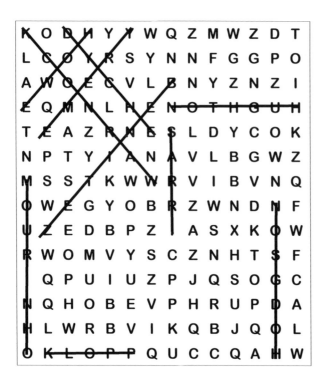

```
K O D H Y Y W Q Z M W Z D T
L C Ø Y R S Y N N F G G P O
A W Q E C V L B N Y Z N Z I
E Q M N L H E N O T H G U H
T E A Z R N B S L D Y C O K
N P T Y A N A V L B G W Z
M S S T K W W R V I B V N Q
O W E G Y O B R Z W N D M F
U Z E D B P Z A S X K O W
R W O M V Y S C Z N H T S F
Q P U I U Z P J Q S O G C
N Q H O B E V P H R U P D A
H L W R B V I K Q B J Q O L
O K L O P P Q U C C Q A H W
```

Managers 2

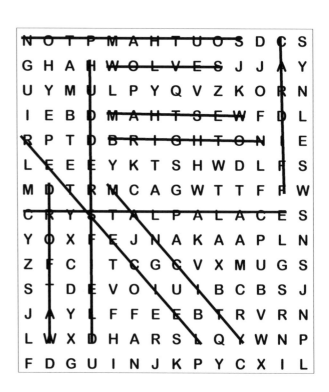

```
J Y Y H B Q S Y T X E U Q
C G T H K H N O O A P K W W
X B J U F O I G T L G Y P
L D A G H U R X L I F L Y T
Q Q N H U Y G V T V Y V C
L N V E C G E W W D G Q J
S K I S V Z L N A J B Y J N
Q C X T A V I S G O X S M
G T N I T L E M Y N N U R G
D E N M R E P K A Z X E R E
O S F A D U N K O G C A R G
D A N U S P O G G Q C E R A
H N U P C S O Q N A F T
G U A R D I O L A R F J G Q
```

Teams 1

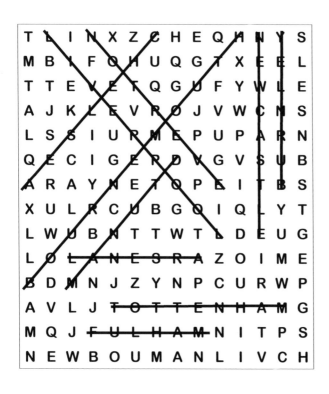

```
T L I N X Z C H E Q H N Y S
M B I F Q H U Q G T X E E L
T T E V T Q G U F Y W L E
A J K L E V R Q J V W C N S
L S S I U R M E P U P A R N
Q E C I G E R D V G V S U B
A R A Y N E T Q P E I T B S
X U L R C U B G Q I Q L Y T
L W U B N T T W T L D E U G
L Q L A N E S R A Z O I M E
B D M N J Z Y N P C U R W P
A V L J T O T T E N H A M G
M Q J F U L H A M N I T P S
N E W B O U M A N L I V C H
```

Teams 2

```
N O T P M A H T U O S D C S
G H A H W O L V E S J J A Y
U Y M U L P Y Q V Z K O R N
I E B D M A H T S E W F D L
R P T D B R I G H T O N I E
L E E E Y K T S H W D L E
M D T R M C A G W T T F H W
C R Y S T A L P A L A C E S
Y O X F E J N A K A A P L N
Z F C T C G G V X M U G S
S T D E V O I U I B C B S J
J A Y L F F E E B T R X R N
L W X D H A R S L Q X W N P
F D G U I N J K P Y C X I L
```

Grounds 1

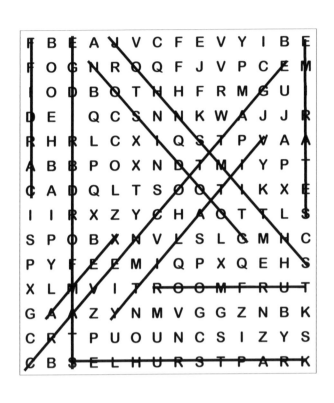

Grounds 2

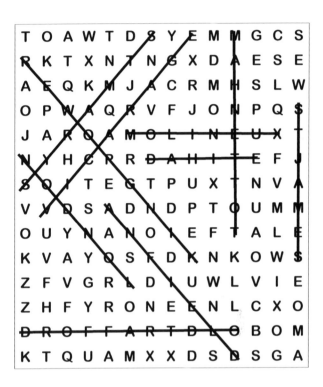

Arsenal 1

Arsenal 2

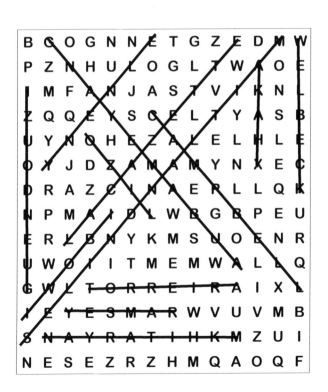

Bournemouth 1

Bournemouth 2

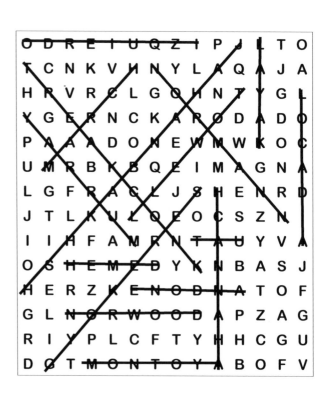

Brighton 1

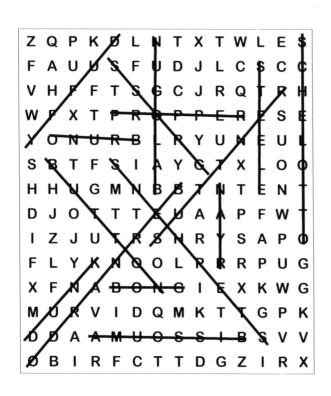

Brighton 2

Burnley 1

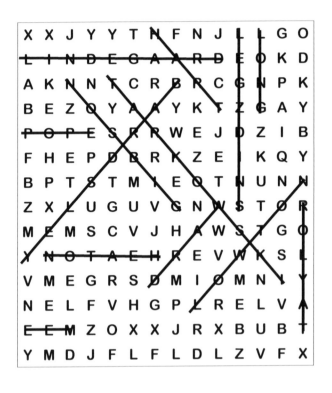

Burnley 2

Cardiff 1

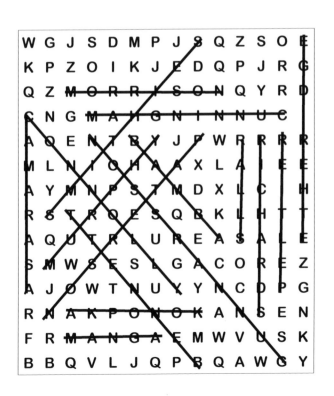

Cardiff 2

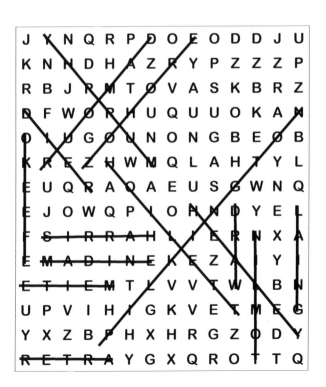

Chelsea 1

```
O M C C A A T S L F A V J C
I R Q A M I R A U J Z N H Q
N P E U H E L N P R V H
Z E O L G I A Z O H Q Q
F Z E I L L K N S E Q J
K F D R O A V L T R C D C
D U I N G U B E W E C T X T
R N S T H B N A P M U O W F
S O R Z B S A U G E E R X W
W G U R E M O H H K T Q H O
T E G N A M P A D U A J T I
A T S O C A P P A Z K E P A
Q W I A K L U B J R I K I S
X G M M B C I O A V O K X V
```

Chelsea 2

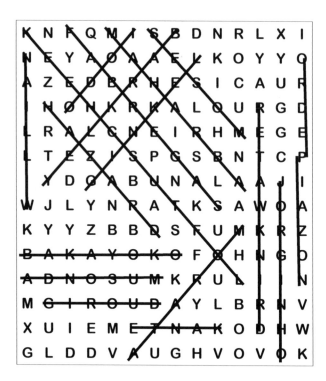

```
K N F Q M I S B D N R L X I
N E Y A O A A E L K O Y Y O
A Z E D B R H E S I C A U R
M N O N K R A L O U R G D
L R A L G N E I R H M E G E
L T E Z I S P G S B N T C P
X D O A B U N A L A A J I
W J L Y N R A T K S A W O A
K Y Y Z B B D S F U M K R Z
B A K A Y O K O F H N G O
A D N O S U M K R U L I N
M G I R O U D A Y L B R N V
X U I E M E T N A K O D H W
G L D D V A U G H V O V O K
```

Crystal Palace 1

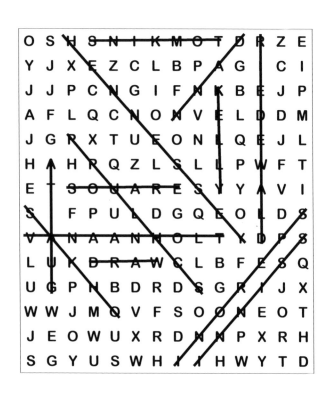

```
O S H S N I K M O T O R Z E
Y J X E Z C L B P A G C I
J J P C N G I F N K B E J P
A F L Q C N O N V E L D D M
J G R X T U F O N L Q E J L
H A H P Q Z L S L L P W F T
E T S Q U A R E S Y Y A V I
S F P U L D G Q E O L D S
V N A A N H O L T X D P S
L U K D R A W C L B F E S Q
U G P H B D R D S G R J X
W W J M Q V F S O O N E O T
J E O W U X M N P X R H
S G Y U S W H A H H W Y T D
```

Crystal Palace 2

```
R R J M M P M I W C H O O
E R U O E A C O U Y T G Q
I K X N H X W W L O O P L
O X E K C N E E O L R L R C
A I F E N O E H F A J O T C
W S N H V E A O K M W S Y E
X D R I Z S B N N S H Z N Z
Q X L H E T A Y U O K K P U
J I Z K Z I S K K A I K A I
M C W W E A M G R C Y I A H
M C A R T H U R F D T Z Y M Q
S W P I D A O W W Q E O J S
E L A K A S S I B W Z B I D
```

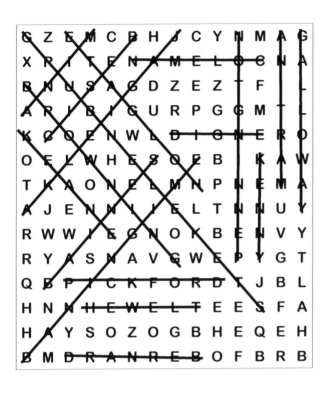

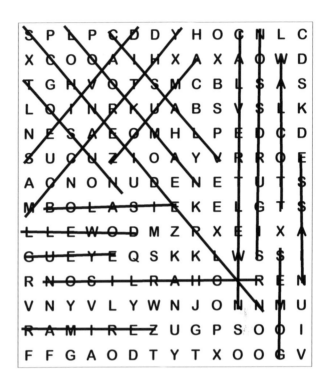

Fulham 1

Fulham 2

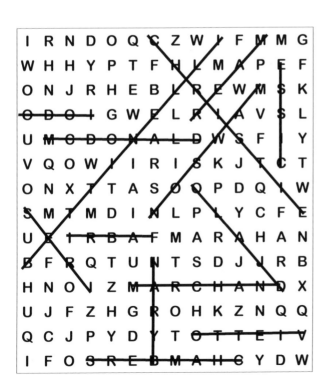

Huddersfield 1

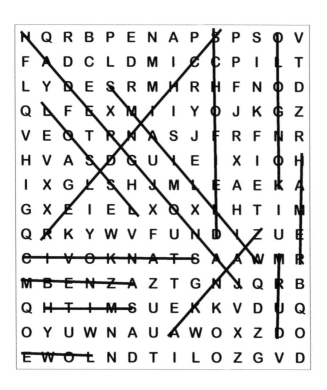

```
N Q R B P E N A P S P S O V
F A D C L D M I C C P I L T
L Y D E S R M H R H F N O D
Q L F E X M I I Y O J K G Z
V E O T R N A S J F R F N R
H V A S D G U L E I X I O H
I X G L S H J M L E A E K A
G X E I E L X O X L H T I N
Q R K Y W V F U N D I Z U E
O I V O K N A T S A A W M R
M B E N Z A Z T G N J Q R B
Q H T I M S U E K K V D U Q
O Y U W N A U A W O X Z D O
E W O L N D T I L O Z G V D
```

Huddersfield 2

```
R D Z L T Y J P T C Y J H I
C R S O R B A R G T L D I N
U S I I U R E T W C G T L B
K P B T R A H L S K A N E Y
G A X A C X N J X A N S X R
S N E I J N F E D C U O Y H
A B I D K Q A I R H C B K T
V S H L Y C A R E U A H C J
Y O O M L K G X D N B I W Q
Z A W A H I G O H G F U N W
L J E A C R B F M A K N G A
O K B E R T I O P E D Q I R
E X M O U N I E I H W O K P
Q O Y U V V W W E L E V B S
```

Leicester 1

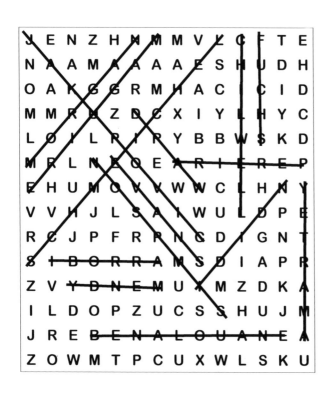

```
J E N Z H M M M V L C F T E
N A A M A A A A E S H U D H
O A K G G R M H A C I C I D
M M R B Z D C X I Y L H Y C
L O I L R I R Y B B W S K D
M R L N K O E A R I E R E P
Z H U M O V V W W C L H M Y
V V H J L S A I W U L D P E
R C J P F R R N C D I G N T
S I B O R R A M S D I A P R
Z V Y D N E M U X M Z D K A
I L D O P Z U C S H U J M
J R E B E N A L O U A N E A
Z O W M T P C U X W L S K U
```

Leicester 2

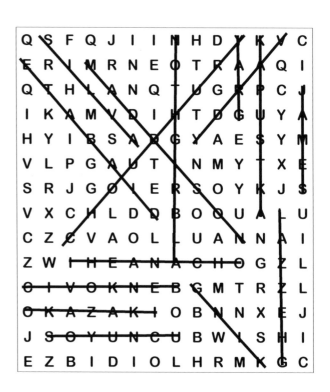

```
Q S F Q J I I N H D Y K V C
E R I M R N E O T R A X Q I
Q T H L A N Q T U G R P C J
I K A M V D I T D G U Y A Y
H Y I B S A R G Y A E S Y M
V L P G A U T N M Y T X E E
S R J G O O E R S O Y K J S
V X C H L D R B O Q U A L U
C Z C V A O L U A N N A I T
Z W I H E A N A C H O G Z L
O I V O K N E B G M T R Z L
O K A Z A K I O B N N X Z J
J S O Y U N C U B W I S H I
E Z B I D I O L H R M K G C
```

Liverpool 1

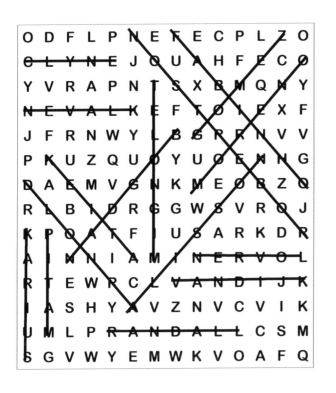

```
O D F L P N E F E C P L Z O
C L Y N E J O U A H F E C O
Y V R A P N T S X B M Q N Y
N E V A L K E F T O L E X F
J F R N W Y L B G R R N V V
P K U Z Q U O Y U O E N N G
D A E M V G N K M E O B Z O
R L B I D R G G W S V R O J
K P O A T F U S A R K D R
A W N I A M I N E R V O L
R T E W R C L V A N D I J K
I A S H Y A V Z N V C V I K
U M L P R A N D A L L C S M
S G V W Y E M W K V O A F Q
```

Liverpool 2

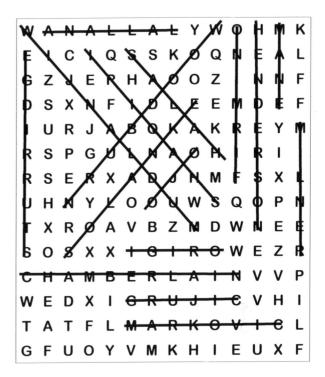

```
W A N A L L A L Y W O H M K
E I C Y Q S S K O Q N E A L
G Z J E R H A O O Z N N F
O S X N F I D L E E M D F
I U R J A B O K A K R E Y M
R S P G U L N A O H R I
R S E R X A D J M F S X L
U H N Y L O O U W S Q O P N
T X R O A V B Z M D W N E E
S O S X X I G I R O W E Z R
C H A M B E R L A I N V V P
W E D X I G R U J I C V H I
T A T F L M A R K O V I C L
G F U O Y V M K H I E U X F
```

Man city 1

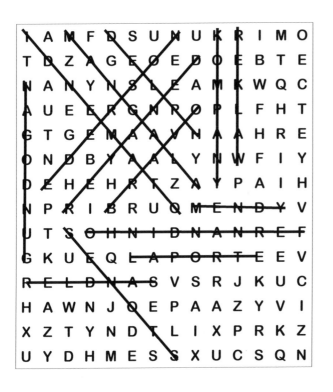

```
I A M F D S U M U K R I M O
T D Z A G E O E D O E B T E
N A N Y N S L E A M K W Q C
A U E E R G N R O P L F H T
G T G E M A A V N A A H R E
O N D B Y A A L Y N W F I Y
D E H E H R T Z A Y P A I H
N P R I B R U Q M E N D Y V
U T S J O H N I D N A N R E F
G K U E Q L A P O R T E E V
R E L D N A S V S R J K U C
H A W N J O E P A A Z Y V I
X Z T Y N D T L I X P R K Z
U Y D H M E S S X U C S Q N
```

Man City 2

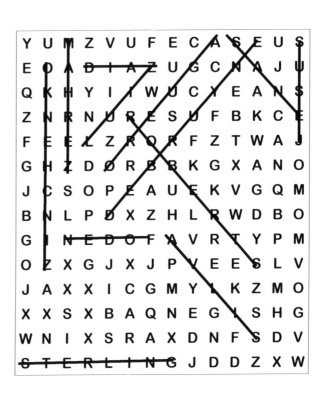

```
Y U M Z V U F E C A S E U S
E O A D I A Z U G C N A J U
Q K H Y I I W U C Y E A N S
Z N R N U R E S U F B K C E
F E E L Z R O R F Z T W A J
G H Z D O R B B K G X A N O
J C S O P E A U E K V G Q M
B N L P D X Z H L R W D B O
G I N E D O F A V R T Y P M
O Z X G J X J P V E E S L V
J A X X I C G M Y L K Z M O
X X S X B A Q N E G L S H G
W N I X S R A X D N F S D V
S T E R L I N G J D D Z X W
```

Man UTD 1

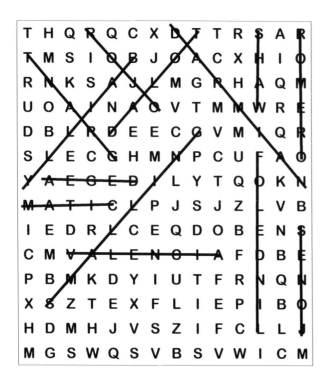

Man UTD 2

```
D W F O W V B Z J U B Q Y P
V B I E U I S X E T X O P O
L P X L B N W P H U A D G
A A Q L L E R G N G R E B
R M L Y S A I G T A N D A
T S D E R F N I Q G D R A A
R Y M O T O M I X A Y A N S
A R I E R E P I D H S Q P
M I L P I O L X F E W H D P
L U K A K U B W R P B F G S
C A N T R C A R T W G O Z U
B C P M I H E T Y W E R Z Q
U R A F N R M V A H X D Q R
H Q S X A D P N S M L V N M
```

Newcastle 1

Newcastle 2

Southampton 1

B	E	M	S	O	A	R	E	S	A	S	Z	M	U
K	D	T	C	Z	B	T	L	O	D	T	R	H	A
R	A	M	Z	C	L	Y	U	U	I	E	A	Q	X
E	S	O	R	F	A	N	V	B	H	P	O	Y	S
L	D	N	A	R	T	R	E	B	S	H	O	P	B
P	E	D	R	O	K	D	T	O	E	H	L	M
B	J	M	U	E	N	P	T	H	Y	N	O	Z	P
T	Q	N	I	A	T	E	K	U	Y	S	E	P	U
G	N	Z	R	N	G	S	W	Y	M	R	D	B	P
Z	Z	E	W	R	A	J	R	G	R	Q	T	U
R	K	K	A	H	H	P	G	O	G	F	N	N	R
E	C	T	M	S	B	Z	T	Q	F	E	G	C	F
S	Z	G	X	M	H	R	U	R	O	S	J	A	O
V	E	S	T	E	R	G	A	A	R	D	W	V	G

Southampton 2

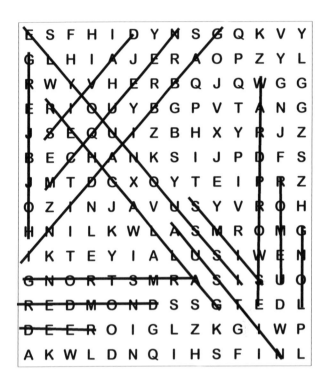

E	S	F	H	I	D	Y	M	S	G	Q	K	V	Y
G	L	H	I	A	J	E	R	A	O	P	Z	Y	L
R	W	Y	V	H	E	R	B	Q	J	Q	W	G	G
E	R	I	O	U	Y	B	G	P	V	T	A	N	G
J	S	E	Q	U	Z	B	H	X	Y	R	J	Z
B	E	C	H	A	N	K	S	I	J	P	D	F	S
U	M	T	D	G	X	O	Y	T	E	I	P	R	Z
O	Z	I	N	J	A	V	U	S	Y	V	R	O	H
H	N	I	L	K	W	L	A	S	M	R	O	M	G
I	K	T	E	Y	I	A	L	U	S	I	W	E	N
G	N	O	R	T	S	M	R	A	S	I	S	U	O
R	E	D	M	O	N	D	S	S	G	T	E	D	L
D	E	E	R	O	I	G	L	Z	K	G	W	P
A	K	W	L	D	N	Q	I	H	S	F	I	N	L

Tottenham 1

D	S	T	M	S	K	S	V	I	N	S	Y	S	K
S	L	L	R	H	E	I	O	E	W	A	M	R	A
R	M	E	T	I	C	I	H	G	B	N	E	E	O
V	O	Y	R	R	G	V	I	Q	C	R	T	L
I	Ø	S	E	I	N	R	P	A	X	H	E	E	Z
P	B	R	E	O	E	N	I	B	D	E	P	U
B	S	N	T	L	Z	W	S	E	D	Z	R	R	D
S	I	R	O	L	L	D	R	J	R	N	U	E	I
Y	E	X	R	A	N	I	F	E	C	L	A	K	E
V	G	Q	O	Z	G	D	V	K	D	T	O	L	R
G	A	Z	Z	A	N	I	G	A	X	L	B	A	Z
G	W	P	O	V	O	R	M	P	C	G	A	W	V
J	G	S	B	X	C	A	M	R	B	V	P	E	J
R	W	Z	D	Y	S	C	F	N	L	M	O	J	V

Tottenham 2

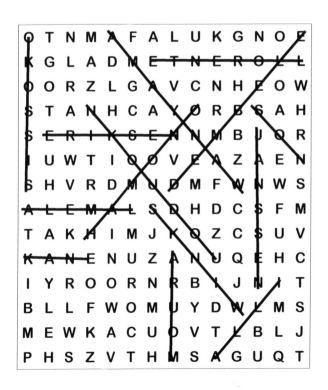

O	T	N	M	A	F	A	L	U	K	G	N	O	E
K	G	L	A	D	M	E	T	N	E	R	O	L	L
O	O	R	Z	L	G	A	V	C	N	H	E	O	W
S	T	A	N	H	C	A	Y	O	R	B	S	A	H
S	E	R	I	K	S	E	N	M	B	U	O	R
I	U	W	T	I	O	O	V	E	A	Z	A	E	N
S	H	V	R	D	M	U	D	M	F	W	N	W	S
A	L	E	M	A	L	S	D	H	D	C	S	F	M
T	A	K	H	I	M	J	K	O	Z	C	S	U	V
K	A	N	E	N	U	Z	A	N	U	Q	E	H	C
I	Y	R	O	O	R	N	R	B	I	J	N	I	T
B	L	L	F	W	O	M	U	Y	D	W	L	M	S
M	E	W	K	A	C	U	O	V	T	L	B	L	J
P	H	S	Z	V	T	H	M	S	A	G	U	Q	T

Watford 1

Watford 2

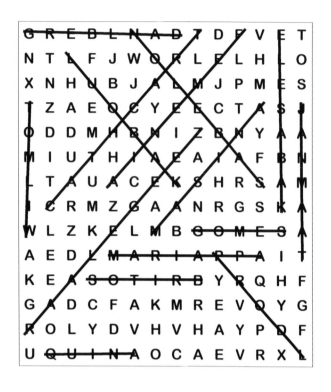

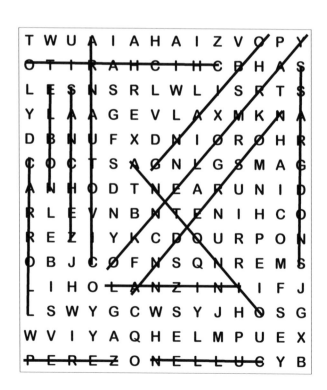

West Ham 1

West Ham 2

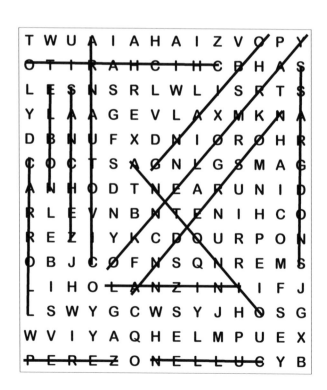

Wolves 1

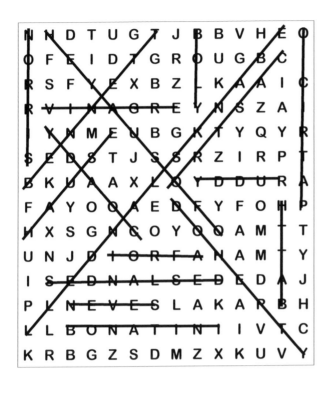

Wolves 2

2017/18 TOTY

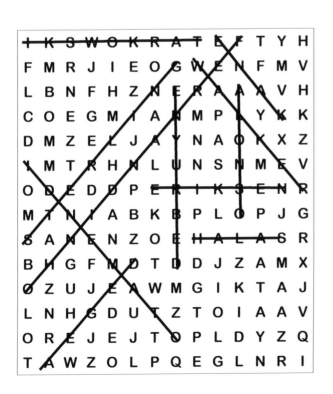

2017/18 Most Goals

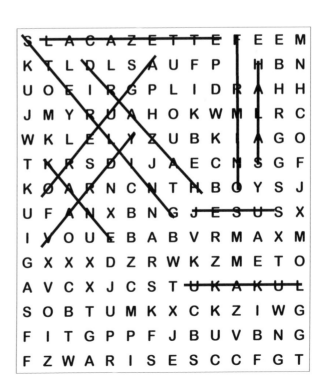

2017/18 Most Assists

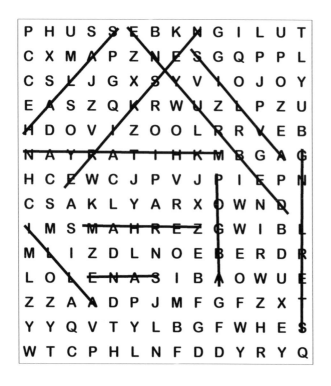

```
P H U S S E B K M G I L U T
C X M A P Z N E S G Q P P L
C S L J G X S Y V I O J O Y
E A S Z Q R W U Z L P Z U B
H D O V I Z O O L R R V E B
N A Y R A T I H K M B G A G
H C E W C J P V J P I E P N
C S A K L Y A R X O W N D L
Y M S M A H R E Z G W I B L
M L I Z D L N O E B E R D R
L O L E N A S I B A O W U E
Z Z A A D P J M F G F Z X T
Y Y Q V T Y L B G F W H E S
W T C P H L N F D D Y R Y Q
```

2017/18 Most Clean Sheets

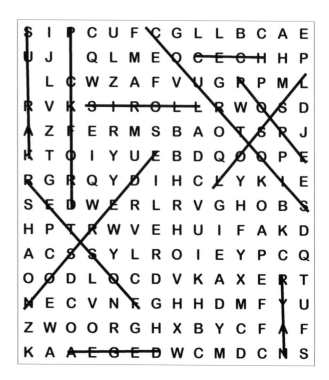

```
S I P C U F C G L L B C A E
U J Q L M E O C E C H H P
L C W Z A F V U G R P M L
R V K S I R O L L R W O S D
A Z F E R M S B A O T S R J
K T O I Y U E B D Q O P E
R G R Q Y D I H C L Y K L E
S F D W E R L R V G H O B S
H P T R W V E H U I F A K D
A C S S Y L R O I E Y P C Q
O O D L O C D V K A X E R T
N E C V N R G H H D M F Y U
Z W O O R G H X B Y C F A F
K A A E G E D W C M D C N S
```

Printed in Great Britain
by Amazon